ÉLOGE FUNÈBRE

DE

Monsieur le Comte

GABRIEL DE LAMBILLY

VANNES

IMPRIMERIE GALLES, RUE DE L'HOTEL-DE-VILLE

—

1896

In 27
44529

ÉLOGE FUNÈBRE

DE MONSIEUR LE COMTE GABRIEL DE LAMBILLY

PRONONCÉ LE 24 MARS 1896

DANS L'ÉGLISE DE TAUPONT

PAR MONSEIGNEUR L'ÉVÊQUE DE VANNES.

Multi homines misericordes vocantur, virum autem fidelem quis inveniet? — Beaucoup d'hommes sont appelés miséricordieux, mais un homme fidèle, qui le trouvera (Prov., xx, 6)?

MES FRÈRES,

N'est-il pas téméraire de rappeler ces paroles de l'Esprit-Saint en cette douloureuse rencontre ? Assurément ils sont nombreux dans cette assistance de parents, d'amis, de protégés, les modèles d'une fidélité à toute épreuve. Sous ce rapport, comme sous bien d'autres, celui de qui nous avons sous les yeux la dépouille mortelle, ne le cédait à personne. Et, s'il est vrai de dire encore, avec le roi Salomon : *Vir fidelis multum laudabitur — l'homme fidèle mérite de grandes louanges*, nul d'entre vous ne devra trouver mauvais que je paye un juste tribut à la mémoire du noble comte Gabriel de Lambilly, en vous parlant de l'unité de sa vie, de ses convictions religieuses et politiques, de son dévouement à toutes les causes sacrées qu'il n'a cessé de soutenir et de défendre, avec loyauté, courage, générosité et un trop rare désintéressement. Comme si l'ange gardien de son berceau lui eût fait cette recommandation rapportée dans l'Apocalypse et qu'il n'oublia jamais : *Esto fidelis usque ad mortem — Sois fidèle jusqu'à la mort.*

Il ressortira de ce discours que l'on peut se montrer bon patriote et remplir tous ses devoirs de chrétien et de Français, sans tourner à tout vent de doctrines, sans *brûler le lendemain ce que l'on avait adoré la veille...*

I.

Heureux l'enfant qui, bercé sur les genoux d'une pieuse mère, voit sous le toit paternel de bons exemples et grandit à la douce et fortifiante chaleur d'un foyer dès longtemps fondé, où se conservent de génération en génération les vieilles croyances et les mœurs patriarcales! La Providence ménagea cette faveur insigne à Gabriel de Lambilly. Son père avait choisi pour compagne, dans un département voisin du nôtre, une jeune fille de noble race, comme la sienne, et qui, elle aussi, a toujours servi fidèlement l'Église et l'État. Les Sesmaisons méritaient d'être alliés aux Lambilly. Madame de Lambilly devint mère de trois fils et de deux filles. L'une d'elles, en prenant le voile des Carmélites, consacra une partie de sa dot à fonder dans cette paroisse une école chrétienne pour les petites filles; l'autre a porté chez nos voisins des Côtes-du-Nord les habitudes de bienfaisance qui distinguent tous les siens.

L'aîné des fils devait être une des courageuses victimes de la guerre contre la Prusse. Blessé mortellement au champ d'honneur, il voulut se faire transporter en Bretagne. Il succomba chemin faisant, après avoir reçu les derniers secours de la religion par le ministère d'un évêque qui, heureusement, voyageait avec lui.

Gabriel, le second des fils du marquis de Lambilly, était d'un caractère entier, quelque peu *batailleur*, me disait hier un de ses cousins. Son père résolut sagement de le soumettre au régime du collège, en même temps que son frère cadet, qui, grâce à Dieu, vit encore, non loin de nous, et jouit de l'estime de tous ses concitoyens.

En ce temps-là les pères de famille n'avaient pas le choix d'établissements où les leçons et les exemples des maîtres répondissent à leurs légitimes aspirations. Au fond de l'aride Sologne, près d'une splendide demeure qui devait donner. son nom au noble prince dont Gabriel de Lambilly devint plus tard le fidèle serviteur et le digne représentant, l'école de Pontlevoy servait d'asile aux jeunes gens des meilleures familles du centre et de l'ouest. Gabriel y fut conduit par son père, et il me souvient d'avoir voyagé, il y a plus de quarante ans, avec ce gentilhomme qui allait voir ses chers écoliers, les encourager au travail et leur rappeler les conditions d'une vie utile et honorable.

Quels furent les succès classiques de celui que nous pleurons aujourd'hui ? Je l'ignore, mes Frères. Mais il ne perdit pas son temps, puisque en sortant de Pontlevoy il fut admis à Saint-Cyr. Deux ans plus tard, il portait l'épaulette de sous-lieutenant dans un régiment de chasseurs à pied. Il fit ses premières armes en Algérie ; il prit part à beaucoup d'expéditions dans cette colonie récemment conquise par le gouvernement de la Restauration et où se sont formés tant d'illustres guerriers.

Survint la guerre d'Italie. Prévoyant les funestes conséquences que devait avoir cette campagne dont nous avons tant souffert depuis lors, au double point de vue religieux et patriotique, il passa les Alpes à contre-cœur. Homme de devoir, il marcha plein de courage et se distingua dans plusieurs combats, notamment à la bataille de Solférino, après laquelle il reçut la croix de l'Ordre militaire de Sardaigne. Ce qui ne l'empêcha pas de trouver bien amers les lauriers cueillis dans la haute Italie par notre vaillante armée.

Quelque temps après le brillant officier renonçait à la carrière des armes. Il revint près de son vieux père, partager ses occupations agricoles et participer à ses bonnes œuvres. Habitants de Taupont, il a vécu de votre vie ; il a pris soin de vos intérêts, ne vous ménageant ni ses conseils, ni son appui. Homme *tout d'une pièce*, il a pu parfois vous paraître exigeant et vif. Que de motifs n'aviez-vous pas de lui pardonner ses vivacités ! Qui de vous ne conservera avec gratitude le souvenir de ses bienfaits !

En récompense de sa belle conduite, il avait obtenu la main d'une jeune fille, qui, par sa naissance, sa distinction, sa piété, sa modestie, devait lui faire honneur et être l'ange gardien de son foyer, en même temps que la Providence des pauvres.

Mademoiselle de Montebise, devenue comtesse Gabriel de Lambilly ne tarda pas à se concilier le respect et l'attachement de tous dans son pays d'adoption, qu'elle ne cessa d'édifier et de secourir.

La mort vint la ravir trop tôt à votre affection, à vos besoins et à votre reconnaissance. Vous continuerez de verser vos larmes et vos prières sur la tombe où va être renfermé le corps de celui qui partagea son dévouement à votre égard.

Six garçons naquirent de l'union de Monsieur Gabriel de Lambilly avec Mademoiselle de Montebise. Trois d'entre eux attendaient dans un monde meilleur leur père et leur mère. Les trois autres sont ici, plongés dans une douleur profonde, mais fermement résolus à marcher sur les traces de leur père, à ressouder la chaîne que la mort vient de briser une fois de plus, à profiter des conseils et des exemples qui leur ont été donnés par leurs parents, à passer, eux aussi, au milieu de vous, en faisant le bien.

Soyons fiers, mes Frères, de voir nos familles bretonnes perpétuer les traditions des ancêtres, s'estimer heureuses d'être entourées d'une nombreuse postérité. Ces longues lignées ne sont-elles pas comme la couronne du père et de la mère ?

Dieu vous préserve à jamais de calculs inavouables, qui sont des crimes de lèse-humanité et de lèse-patrie !

II.

Cependant Monsieur de Lambilly n'était pas homme à mener une vie oisive et inutile. Tout en assistant son vieux père dans l'administration de sa fortune et en gérant ses propres affaires, il voulut mettre au service de son département ses qualités d'esprit et de cœur. Personne ici n'ignore les efforts qu'il a faits et les succès qu'il a obtenus au sein du Conseil général. Élu successivement Vice-Président et Président de cette assemblée, membre de la Commission départementale et du Conseil d'Instruction publique, il suivit de près avec compétence les affaires les plus importantes et les plus délicates.

Au Comité royaliste, dont il devint aussi le Président, il déploya le même zèle, la même capacité, une constante abnégation. Ses collègues savaient apprécier son mérite, sa connaissance des hommes et des choses, son énergie et sa droiture. Il fut un de ceux qui contribuèrent le plus à maintenir notre pays dans la situation exceptionnelle dont il bénéficie encore, malgré tous les assauts qui lui sont livrés en certaines circonstances critiques où le sort de la France entière est en jeu. La présence à cette cérémonie funèbre des hommes les plus honorables et les plus influents de la région témoigne hautement du crédit dont il jouissait à si justes titres. Il en est qui regrettent vivement de ne pas se trouver ici ce matin. Si d'impérieuses obligations les ont retenus loin de ce cercueil, d'esprit et de cœur ils se joignent à nous pour rendre les derniers devoirs à la dépouille mortelle qu'il renferme, sans fleurs ni couronnes, au pied de la croix, voilée en signe du deuil que les vrais chrétiens portent en ces jours anniversaires de la Passion du divin Sauveur.

En temps de paix comme en temps de guerre, le comte de Lambilly disputait aux meilleurs la palme du patriotisme. Pour lui, comme pour tout bon citoyen, au-dessus de la famille, il y avait la France. Aussi, à la nouvelle de l'invasion prussienne, qui fit verser tant de larmes et de sang, amoncela les ruines autour de nous et mutila notre territoire, il n'hésita pas à quitter femme et enfants pour marcher à l'ennemi, à la tête de la quatrième légion de nos mobiles. Nous ne perdrons jamais le souvenir de l'émouvant spectacle que donnèrent ces braves jeunes gens, venant faire bénir leur drapeau à la cathédrale. Leur vaillant chef le reçut de nos mains, sous les yeux du premier magistrat de notre Département, attentif à l'exhortation que nous adressions aux officiers et aux soldats pour stimuler leur ardeur. Hélas ! ils ne revinrent pas vainqueurs ; ce ne fut point faute de bravoure et de sacrifices. Il en est ici peut-être qui purent trouver sévère le commandant de leur légion. Celui-ci savait que, ayant à repousser un corps d'armée où la discipline était rigoureuse à l'excès, il fallait lui opposer des hommes d'une obéissance à toute épreuve. Il donnait ainsi la mesure de son habileté dans le commandement militaire. Sa belle conduite lui valut la croix de la Légion d'honneur.

Toutefois, le comte de Lambilly ne se consola jamais de nos désastres de l'année terrible, après laquelle il reprit avec la même activité les fonctions qu'il tenait de la confiance de ses compatriotes et surtout du Prince qu'il croyait appelé à relever la France de toutes ses défaites. Bien que la mort de celui qu'il appelait son roi lui eût brisé le cœur, il donna l'exemple d'une sou-mission qui lui fut d'autant plus méritoire qu'elle lui coûta davantage. Depuis ce temps-là, vous l'avez vu, comme auparavant, toujours prêt à payer de sa personne et de sa bourse, au dépens même de sa santé, quand il s'agissait des intérêts généraux ou particuliers de son pays. Son res-pectable recteur me disait, ce matin, les larmes aux yeux : « Il était bon et généreux ; jugez-en plutôt. Au cours de notre récente mission, dont il suivit religieusement tous les exercices, il me donna une forte somme d'argent, pour permettre aux ouvriers de cesser leur travail durant ces jours de salut. Son fils en fit autant. Et, la veille de sa mort, comme je l'avertissais de la gravité de son état, il me répondit : « Demain matin, » vous m'apporterez la sainte communion ; j'ai » besoin de m'y préparer. » Tant il est vrai, mes Frères, que sa fidélité à tous égards ne se démentit jamais.

Il y a quelques années, Dieu le récompensa de tout le bien qu'il avait fait, en réservant à son fils aîné la main et le cœur d'une charmante jeune fille. Ayant vu pratiquer au château de Kéronic toutes les vertus qui en font encore l'ornement, elle était digne et capable de faire revivre au château de Lambilly les salutaires exemples qu'y avait donnés la mère de son époux. Ce fut au château de Kergrois que le comte de Lambilly m'annonça, tout joyeux, ce projet d'alliance, au cours d'une visite pastorale durant laquelle il m'offrit la plus cordiale hospitalité, et par suite l'occasion de juger de l'empire qu'il exerçait sur l'esprit et le cœur de ceux qu'il appelait ses Bas-Bretons. La nouvelle châtelaine de Lambilly ne tarda pas à réaliser les espérances qu'elle avait fait concevoir. Elle sera pour son mari la femme forte et de bon conseil, aimable, bonne, pieuse, affable pour ses amis, secourable au pauvre monde. Trois petits enfants font déjà la joie de cette demeure hospitalière, où l'on ne viendra jamais solliciter vainement assistance et charité.

Le jeune comte René de Lambilly saura porter dignement les charges qui ne sont pas la moins belle partie de l'héritage paternel. N'en doutons point, il justifiera cette vieille maxime : *Tel père, tel fils.* Lui aussi sera fidèle *jusqu'à la mort.*

Hélas ! mes Frères, deux fois dans un court espace de temps, la mort a frappé inopinément à la porte du château de Lambilly. Grande et terrible leçon pour nous tous ! Heureux serons-nous, mes Frères, si, à notre dernière heure, nous pouvons nous rendre le consolant témoignage d'avoir été bons, miséricordieux et fidèles. En attendant, méditons souvent cet avertissement de l'Esprit-Saint : *Estote parati — soyez prêts !*

Et, maintenant, mes Frères, à vous de juger de la *fidélité* de l'homme dont vous connaissiez aussi bien que moi les rares qualités d'esprit, de cœur et de caractère. Sa mort prématurée laissera au milieu de nous un vide qui se comblera difficilement... Prions avec ferveur et confiance pour le repos de son âme, et consolons-nous de sa perte, à la pensée qu'il laisse après lui des héritiers de sa fidélité à Dieu et aux hommes, des amis, pleins d'intelligence et de dévouement, qui, après avoir secondé ses religieux et patriotiques efforts, continueront de combattre le bon combat pour la vérité, la justice et la liberté.

Ne pleurons donc pas comme ceux qui n'ont pas d'espérance. Unissons-nous plutôt sur le terrain catholique, où aucun mécompte ne saurait nous affaiblir et jeter dans nos rangs la mésintelligence et la division. Les regards fixés sur la croix du Sauveur, sans perdre de vue le drapeau national, que notre devise soit celle-ci : *Religioni et patriæ*, ou bien encore, comme disaient nos pères : *Pro aris et focis*.

139

www.ingramcontent.com/pod-product-compliance
Lightning Source LLC
LaVergne TN
LVHW010817180726
843502LV00009B/3376